Barbara Gerat

Portugals Algarve – Ein Bildband

FSC
www.fsc.org
MIX
Papier aus verantwortungsvollen Quellen
Paper from responsible sources
FSC® C105338

Herstellung: BoD, Norderstedt

ISBN 9783942654333

Barbara Gerat

Portugals Algarve – Ein Bildband

Baltic Sea Press

Die Algarve ist die südlichste Region Portugals. Die Algarve hat eine Fläche von 4.989 km² (5,59 % vom Festlands-Portugal) und rund 441.000 Einwohner (4,30 % vom Festlands-Portugal). Verwaltungstechnisch bildet die Algarve eine von sieben Regionen Portugals (Região do Algarve). Größte Stadt und Verwaltungssitz der Region ist Faro. Vor allem die Südküste der Algarve ist touristisch stark erschlossen.

Am Cabo de São Vicente bei Sagres liegt der südwestlichste Punkt des Kontinents und der Parque Natural do Sudoeste Alentejano e Costa Vicentina. Begrenzt wird die Algarve im Norden von der Region Alentejo, im Westen und Süden vom Atlantik und im Osten bildet der Rio Guadiana die Grenze zu Spanien. Die Küstenlinie der Algarve erstreckt sich über 155 km von Ost nach West und 52 km vom Süden zum Norden.

Naturräumlich wird die Algarve von Nord nach Süd in drei Bereiche unterteilt:Serra, Barrocal und Litoral.
Die Serra ist ein aus Sandstein und Tonschiefer bestehendes und sich auf einer Höhe zwischen 300-500 m hinziehendes Hügelland. Im Nordwesten ragt die Serra de Monchique empor mit dem höchsten Punkt Pico da Foia (902 m). Obwohl die Serra etwa die Hälfte des Gebietes der Algarve ausmacht, ist sie dünn besiedelt und wird mit Ausnahme von Monchique und Umgebung von Touristen kaum besucht. Die Vorgebirgslandschaft des Barrocal schließt sich nach Süden an und umfasst etwa ein Viertel der Region. Auf dem bis zu 400 m hohen aus Kalksandstein bestehenden Hügelland wird hauptsächlich Landwirtschaft betrieben. Der dicht besiedelte Küstenstreifen "Litoral" bildet das touristische Zentrum der Algarve. Dieser lässt sich wiederum in den Sotavento (wörtlich „Lee, windabgewandt") im östlichen Teil zwischen spanischer Grenze und Faro, den Barlavento („Luv, dem Wind zugewandt") zwischen Faro und dem Cabo de São Vicente und die Costa Vicentina an der Westküste der Algarve und darüber hinaus das Alentejo Litoral gliedern. Den Barlavento nennt man „Felsalgarve", handelt es sich doch um eine zerfurchte 20–50 m hohe Steilküste mit malerischen Formationen aus gelben und rötlich braunen Kalk- und Sandsteinfelsen und kleinen Buchten. Der Sotavento wird auch als „Sand-Algarve" bezeichnet, denn das Gebiet ist von Sandstränden und Lagunenlandschaften geprägt. Im Osten schließt sich die weite Bucht des Golfes von Cádiz an.

Die Vegetation in der Algarve entspricht heute nicht mehr den ursprünglichen natürlichen Verhältnissen, denn Portugal war mit Ausnahme der Dünen und Marschen an der Küste mit Wald bedeckt. Die Rodung begann teils schon in der Megalithkultur und erreichte ihren Höhepunkt um 1550, als die Spanier immer mehr Holz für Schiffe und Handwerk benötigten.
Heute gibt es größtenteils nur noch Macchie. Ende der siebziger Jahre begann eine große Aufforstungskampagne, in der vor allem Nadel- und Eukalyptussetzlinge gepflanzt wurden. Unter anderem wachsen dort noch winterharte Eichenarten. Im südlichen Küstenbereich findet man auch Johannisbrot-, Feigen-, Mandel-, Lorbeer-, und Granatbäume. Sie wurden durch die Römer eingeführt, die ebenfalls den für den Mittelmeerraum typischen Ölbaum verbreiteten. Die aus Südamerika stammenden Palisanderholzbäume findet man häufig als städtische Straßenbäume, die im Frühjahr durch ihre blau-violette Blüte auffallen. Die Region Algarve ist zudem auch ein Anbaugebiet von Korkeichen.

Der Tourismus in der Algarve ist die wichtigste Einnahmequelle der ganzen Region. Während auf den 4.989 km^2 nur 440.777 (2010) dauerhafte Einwohner leben, kann diese Zahl in den Sommermonaten auf mehr als das Dreifache ansteigen, wenn die Sommerquartiere gefüllt sind. Berühmt ist die Algarve für ihre zahlreichen feinsandigen Strände und die teils bizarren und monumentalen Felsformationen im westlichen Teil der Küste. Wegen der vielen Golfplätze, von denen manche bis direkt an die Steilküste hin angelegt sind, ist die Region insbesondere bei Golfern beliebt. Die archäologischen Sehenswürdigkeiten liegen im küstennahen Hinterland. Hier sind besonders römische Villen interessant. Das südwestlichste Ende Europas am Cabo de São Vicente unweit der Stadt Sagres wurde früher als das Ende der Welt bezeichnet.

Das Cabo de São Vicente (Kap Sankt Vinzenz) bei Sagres in Portugal bildet gemeinsam mit der benachbarten Ponta de Sagres die Südwestspitze des europäischen Festlands. Die Algarve besteht dort aus einer felsigen, bis zu 70 Meter hohen Steilküste mit karger, baumloser Vegetation.
Das Kap ist seit dem Neolithikum ein heiliger Ort, wie Menhire (Steinsetzungen) in der Umgebung zeigen. Zu Zeiten der Phönizier soll er der Gottheit Melkart geweiht gewesen sein. Die Griechen nannten den Ort Ophiussa (Land der Schlangen) und seine Bewohner Oestrimni (Bewohner des äußersten Westens), von den Römern wurde er Promontorium sacrum (Heiliges Vorgebirge) genannt, als magischer Ort am Ende der Welt, an dem die Götter wohnen und die Sonne im Meer versinkt. Die Christen benannten die Küstenspitze nach dem Heiligen Vinzenz von Saragossa, einem Schutzpatron der Seefahrer. Der Legende nach soll hier im Jahr 304 der Leichnam des Märtyrers in einem Boot angetrieben und geborgen worden sein.
Auf dem Cabo de São Vicente befindet sich ein Leuchtturm, dessen Lichtkegel 32 Seemeilen (knapp 60 km) über den Atlantik reicht und der als der lichtstärkste Leuchtturm Europas gilt. Der Ort wird per Bus von großen Mengen Touristen aus der umliegenden Algarve frequentiert, die das Kap via Sagres anfahren. Auf einem der weltweit meist befahrenen Seewege halten Schiffe zum Kap einen großen Sicherheitsabstand.

Zur Geschichte der Algarve-Region: Die Anwesenheit des Menschen ist in Portugal seit dem Homo erectus belegt. Vom Neandertaler sind die Spuren durch einen Lagerplatz bei Vilas Ruivas im Distrikt Castelo Branco bereits deutlicher. Muschelschalenhaufen, von Archäologen Køkkenmøddinger genannt, entstanden vom Mesolithikum bis zum frühen Neolithikum durch den Verzehr von Muscheln an immer derselben Stelle. Aus diesen Muschelhaufen sind auch Bestattungen bekannt. Ab etwa 5000 v. Chr. ist der Ackerbau belegt. Später entstanden die zahlreichen Megalithanlagen (Alcalar). Etwa 1000 v. Chr. dringen die Kelten hier ein und vermischen sich mit den Einheimischen zu Keltiberern oder Lusitaniern. Etwa zeitgleich errichteten die Phönizier erste Häfen entlang der Küste der Algarve. Die Karthager gründeten ca. 550 v. Chr. Portimão (lat. Portus Hannibalis). Im zweiten Jahrhundert v. Chr. entstanden im Zuge der römischen Besiedelung der Iberischen Halbinsel zahlreiche Villen, deren Ruinen (Abicada, Boca do Rio, Milreu-Estói, Vilamoura) - vornehmlich in der Gegend von Faro und Lagos - besichtigt werden können.

Nach Eroberung durch die Goten im fünften Jahrhundert wurde die Algarve ab 711 von den Mauren eingenommen. Der arabische Name al-gharb (der Westen) erklärt sich aus der geographischen Sicht Andalusiens. Die islamische Herrschaft wurde durch die Rückeroberung durch die Christen (Reconquista) im 13. Jahrhundert beendet. Von 1595 bis 1808 war die Algarve ein halb-autonomes Gebiet mit eigener Steuerhoheit im portugiesischen Staatsverband. Die portugiesischen Könige führten in dieser Zeit den Titel eines Königs von Portugal und Algarve. Als 1807 Napoleon in den Norden Portugals einmarschierte, wurde die Algarve von spanischen Truppen besetzt. Diese Besetzung endete durch die Rebellion von Olhão im Jahre 1808.

Die Algarve galt über Jahrhunderte bis zur Ausrufung der Republik Portugal am 5. Oktober 1910 als zweites Königreich der portugiesischen Krone – ein Titularkönigreich, das de jure vom Königreich Portugals getrennt war, obwohl es de facto selbst keine Institutionen, Charta oder Privilegien, oder irdendeine Art von Unabhängigkeit gehabt hatte. In der Praxis war es nur ein Ehrentitel für eine Region/Comarca, die in keiner Weise vom übrigen Portugal unterschieden wurde. Es wurde auch nie ein portugiesischer König gekrönt oder begrüßt allein mit Rei do Algarve – bei der Weihe zum König, wurde er als Rei de Portugal e do Algarve betitelt (bis 1471) und später als Rei de Portugal e dos Algarves (ab 1471).

Ferragudo

Der Titel Rei do Algarve wurde zuerst von Sancho I. von Portugal, während der ersten Eroberung von Silves im Jahr 1189 verwendet. Silves war nur eine Stadt des Almohadenreichs, das zu dieser Zeit Al-Andalus unter seiner Herrschaft zusammenführen wollte. So verwendete D. Sancho gleichzeitig die Titel Rei de Portugal e de Silves und Rei de Portugal e do Algarve, ausnahmsweise auch die drei Titel in der Kombination Rei de Portugal, de Silves e do Algarve. Der einzige Grund, der diese neue Königliche Titulierung rechtfertigte, bezieht sich auf die Tradition der Iberischen Halbinsel, indem der Titel des Monarchen aus dessen Errungenschaften erstellt wird (so zum Beispiel, waren die Könige von Kastilien und León auch Rei de Toledo, de Sevilha, etc.). Ab der muslimischen Rückeroberung von Silves im Jahre 1191 hörte der König auf, diesen Titel zu verwenden.

Ferragudo

MAR VIVO
MAR VIVO

S. Goncalo

Das Almohadenreich zerfiel im Jahr 1234 in mehrere kleinere Emirate, die Taifa-Königreiche. Südlich von Portugal war die muslimische, befestigte Taifa de Niebla des neuen Spaniens, dessen Emir Musa ibn Mohammad ibn Nassir ibn Mahfuz, sich kurze Zeit später zum Rei do Algarve (amir al-Gharb) ernannte. Zu dieser Zeit war die Region die westlichste der andalusischen Muslime. Zur gleichen Zeit setzten die kastilischen und portugiesischen Eroberungen gen Süden ein.
In der Regierungszeit von König Sancho II. wurden die letzten Orte im Alentejo erobert und auch die meisten der damaligen Algarve, entlang des rechten Ufer des Flusses Guadiana; durch die Abschneidung und anschließende Abdikation der Algarve blieben nur kleine muslimischen Enklaven in Aljezur, Faro, Loulé und Albufeira, die aufgrund der territorialen Diskontinuität und Distanz, die sie von Niebla trennte, unabhängig von Ihrem Herrschersitz wurden.

So schien es wahrscheinlich, das Sancho II. von Portugal in der Lage sei, der zweite portugiesische König zu sein, der den Titel König der Algarve verwenden würde, nach seinem Großvater – wahrscheinlich ist, das er wegen anderen inneren Angelegenheiten, einschließlich des Bürgerkriegs gegen seinem Bruder, dem Grafen von Boulogne und Prinzen Alfons, den Titel nicht annahm. Tatsächlich war es sein Bruder, der im Jahr 1248 den Thron bestieg, und die endgültige Eroberung der maurischen Enklaven in der Algarve erreichte, sowie im Jahr 1249 den Titel Rei de Portugal e do Algarve annahm, und der von seinen Nachfolgern bis zum Ende der Monarchie in Portugal verwendet wurde.

Castelo de Loule

In Portugal erfuhr der Name des algarvischen Königreichs (und damit folglich der Königstitel) einige kleinere offizielle Veränderungen durch die nordafrikanischen Eroberungen, deren Gebiet als die natürliche Fortsetzung des Königreichs galt. So hat Johann I. von Portugal seinem Titel Rei de Portugal e do Algarve des Weiteren den Titel Senhor de Ceuta hinzugefügt, sein Enkel Alfons V., drehte dies um, was zu Senhor de Ceuta e de Alcácer-Ceguer em África führte (nach 1458), und im Jahre 1471 mit der Eroberung von Asilah, Tanger und Larache wurden die Ortstitel der nordafrikanischen Orte in den Titel Algarve d'além-mar em África zusammengefasst, wobei die Algarve zu den europäischen Algarve d'aquém-mar wurde. So wurde im Jahr 1471 aus dem Königreich Reino do Algarve das Reino dos Algarves – die notwendige Unterscheidung der nordafrikanischen Besitzungen der portugiesischen Krone und dem europäischen Königreichs der Algarve.
Die Könige von Portugal verwendeten daher den Titel bis zum Sturz der Monarchie: Reis de Portugal e dos Algarves d'aquém e d'além-mar em África -, auch nach dem Verlassen der letzten marokkanischen Besitzung im Jahre 1769.

Festung Ponta da Bandeira

Vila do Bispo

Praia de S. Rafael

Albufeira hat eine etwa 2000-jährige Geschichte. Die Römer nannten es Baltum oder Balteus. Der arabische Name für das Gebiet lautete al-buhere, übersetzt "Burg über dem Meer". Die auf dem Felsen erbaute Stadt galt wegen ihrer Lage als uneinnehmbar. Die Mauren konnten erst 1249 von Afonso III. aus der Stadt vertrieben werden. Infolge des Erdbebens von Lissabon wurde die Stadt 1755 fast völlig zerstört. Ein Tsunami überflutete die untere Stadt. 1823 wurde Albufeira während der blutigen Auseinandersetzungen zwischen Liberalen und Miguelistas von den Miguelista-Guerrilleros unter Remexido eingekreist und angezündet. Ein Teil der Bevölkerung wurde massakriert. An die alte Stadt erinnert heute fast nichts mehr. Dort, wo sie einst stand, am höchsten Punkt der Stadt (Rua da Bateria), stehen heute das alte Rathaus, ein Hospital und ein Glockenturm. Albufeira bekam das Stadtrecht im Jahre 1986.

Albufeira ist über die Bahnstrecke Linha do Algarve mit Lagos, Faro und Vila Real de Santo António verbunden. Es besteht Anschluss an die Autobahn A22 (Via Infante-de-Sagres) nach Lissabon und über Faro nach Spanien.
Die Wirtschaft wird überwiegend vom Tourismus getragen. So kommen zu den rund 30.000 Einwohnern noch rund 300.000 Feriengäste in der warmen Jahreszeit hinzu, die in den über 160 Hotels und Ferienanlagen wohnen. Die Stadt ist durch einen Tunnel mit dem Strand Praia do Peneco verbunden. Hinzu kommen Treppenabgänge zwischen der ehemaligen Burg und dem Strand und Strandzugänge durch die Hotelanlagen.

Bei Albufeira

Praia dos Arrifes in Albufeira

Praia de Rocha

Lagos ist eine Hafenstadt etwa 30 km östlich von Cabo de São Vicente, dem südwestlichsten Punkt Europas nahe Sagres. Knapp 30.000 Menschen leben hier. Bereits die Phönizier und Griechen siedelten an der Bucht von Lagos, weil hier Thunfisch, Sardinen und Krebse gefangen werden konnten. Die Karthager führten im 4. Jahrhundert v. Chr. den Wein- und Olivenanbau ein. Der römische Name Lacobriga ist der erste bekannte Name der Siedlung und soll kelto-iberischen Ursprungs sein.
Kurz nach ihrer Landung in Gibraltar (711 n. Chr.) breiteten sich die Mauren schnell an der Algarve aus. 716 eroberten sie Lagos, das sie Zawaia („Brunnen“ oder „See“) nannten. Unter ihrer Herrschaft wurde die Stadtmauer im 10. Jahrhundert erneuert. 1189 eroberte Dom Sancho I. Lagos, aber 1192 kehrten die Mauren wieder zurück. Erst 1241 konnte Dom Paio Peres Correia, militärisch unterstützt von deutschen und englischen Ritterorden, die Stadt den Mauren endgültig entreißen.

P

Lagos' Hafen war im 15. Jahrhundert Ausgangspunkt zahlreicher Afrikaexpeditionen, die Portugal unter Heinrich dem Seefahrer unternahm. Am 21. August 1415 startete unter Heinrichs Führung eine Flotte von 232 Schiffen zur Eroberung von Ceuta. Die maurische Festung, Gibraltar auf der afrikanischen Seite der Meerenge gegenüberliegend, war seinerzeit Endpunkt von Saharakarawanen und von erheblicher strategischer und wirtschaftlicher Bedeutung. Heinrich erhob Lagos zu einem bedeutenden Stützpunkt seiner Flotte und ließ hier ab etwa 1440 die Karavelle entwickeln und bauen. Dieser neue Schiffstyp nach dem Vorbild der arabischen Dhau war nicht nur seegängig und küstentauglich zugleich, sondern auch in der Lage, hoch am Wind zu segeln und gegen die vorherrschende Windrichtung zu kreuzen.
Ab 1433 stach der Seefahrer Gil Eanes mehrfach von Lagos aus in See, um schließlich erstmals über das Kap Bojador hinaus zu segeln. Das an der Nordwestküste Afrikas liegende Kap, das heute zu Westsahara gehört, galt damals als Grenze der Welt, ein Überschreiten als gefährlich oder gar unmöglich und der zurückzulegende Küstenverlauf Afrikas war überwiegend noch nicht kartographiert. Der Entdecker Gil Eanes, dessen Biographie weitgehend ungeklärt ist, wird heute in Lagos als Kind der Stadt geehrt und ein Platz im Ortszentrum, die Praça Gil Eanes, trägt seinen Namen.
Durch die Afrikafahrten portugiesischer Schiffe gelangten schwarze Sklaven aus Guinea und dem Senegal erstmals in der Neuzeit nach Europa. Lagos erhielt 1444 einen bedeutenden Sklavenmarkt, dessen Gebäude noch heute besteht. Erst 1820 wurde der Menschenhandel verboten. Die ehemalige nigerianische Hauptstadt Lagos, heute die zweitgrößte Stadt Afrikas, wurde nach der portugiesischen Kleinstadt benannt.

1573 bekam Lagos das Stadtrecht und 1577 wurde es Hauptstadt der Algarve. Ein Jahr später, 1578, brach König Sebastian I. mit 18.000 Soldaten von Lagos aus nach Marokko auf, um dort an der für Portugal verheerenden Schlacht von Alcazarquivir teilzunehmen. Sebastian wurde getötet, sein Leichnam jedoch nie gefunden. Dieser Umstand gab Anlass zur Spekulation, der König sei noch am Leben, und die Hoffnung, er könne Portugals Schicksal wieder wenden. Ein modernes, 1973 von João Cutileiro geschaffenes Denkmal erinnert heute an das Schicksal des „ersehnten Königs Sebastião" auf der Praça Gil Eanes.
1587 wurde die nun spanisch beherrschte Algarveküste zum Operationsgebiet einer englischen Flotte unter Francis Drake, deren Absicht es war, eine Invasion der britischen Inseln durch die spanische Armada zu verhindern. Drake erzielte hierbei zwar große Erfolge, scheiterte jedoch am Versuch, das stark befestigte Lagos einzunehmen. Auch in späteren Zeiten wurde die Bucht von Lagos aufgrund ihrer strategisch bedeutenden Lage Austragungsort und Namensgeber von Seeschlachten: in einer ersten Schlacht von Lagos versenkte 1693 die französische Flotte unter Admiral Tourville 80 Schiffe der englisch-holländischen Flotte, die unter dem Kommando des englischen Admirals Rooke stand. In einer zweiten Schlacht von Lagos besiegte im Siebenjährigen Krieg 1759 ein britischer Flottenverband einen französischen.
Nach dem Erdbeben von 1755 verwüstete eine gewaltige Flutwelle mit elf Metern Höhe die Stadt. Anschließend wurde Lagos neu aufgebaut und die Stadtmauer aus jener Zeit umgibt noch heute weite Teile der Altstadt. Die Porta do Postigo und der Rest des Gouverneurspalastes zeugen von der Bedeutung und Wehrhaftigkeit der Hafenstadt. Allerdings zog der Gouverneur als Folge der Katastrophe ins weniger zerstörte Faro um, das Lagos als Hauptstadt des Königreiches Algarve ablöste.

Rathaus

Lagos gut erhaltene Altstadt bietet dem Besucher neben historischen Sehenswürdigkeiten kulturelle Einrichtungen, Restaurants, Cafés und Einkaufsmöglichkeiten aller Art. Zu jeder Jahreszeit prägen Touristen das Geschehen und zwischen den einheimischen Geschäften haben sich auch britische Pubs, Diskotheken und eine deutsche Bäckerei niedergelassen.
Auf der Praça da República (Platz der Republik) befand sich der historische Sklavenmarkt (Mercado de Escravos). Unter den Arkaden der Delegação da Alfândega (ehemaliges Gebäude der Zollverwaltung, heute Ausstellungsräume) wurden die Schwarzafrikaner angebunden und zum Verkauf angeboten. Auf dem Platz steht seit 1960 ein Denkmal für Heinrich den Seefahrer, das anlässlich seines 500. Todestages aufgestellt wurde. Hinter der schlichten Fassade der Kirche Igreja do Santo António verbirgt sich ein üppig ausgestatteter, barocker Innenraum. Er beherbergt eine Trompe-l'œil-Decke, einen vergoldeten Barockaltar, vergoldete Holzstatuen, Schnitzwerk im Chor sowie Azulejos an den Wänden. Direkt angrenzend stellt das Museu Municipal sakrale Kunst, Münzen, Mosaik-Fragmente und archäologische Funde der Algarve aus.
Durch das Stadttor Porta de São Gonçalo beim ehemaligen Castelo dos Governadores (Gouverneurspalast) erreicht man über eine Holzbrücke das Fort Ponta da Bandeira, das seit dem 17. Jahrhundert den Hafen verteidigte. Von dort begleitet die Avenida dos Descobrimentos (Allee der Entdeckungen) das Flüsschen Bensafrim, das Fischkuttern und Yachten als Zufahrt zum Hafen dient. Viele, zum Teil steile Gassen des historischen Stadtkerns führen zu der palmengeschmückten Promenade hinunter. In der Nähe der Fußgängerbrücke, die hier über den Bensafrim zu den Hafenanlagen führt, befindet sich die sehenswert restaurierte Fischhalle von 1924. Auf der gegenüberliegenden Seite des Flusses kann der Nachbau einer historischen Karavelle besichtigt und zu Ausflugtörns genutzt werden.

Die Gründung von Tavira liegt ca. 2000 v. Chr. und geht nachgewiesenermaßen auf die Phönizier zurück. Später haben die Römer im nahegelegenen Balsa (bei Santa Luzia) gesiedelt. Auch Tavira wurde, wie die ganze Algarve, vom maurischen Kalifat von Córdoba nach 711 in Besitz genommen. Es entwickelte sich eine hohe Kultur, wie die neuesten Ausgrabungen nahelegen. Dom Paio Peres Correia und der Ritterorden von Santiago nahmen im Auftrag von König Sancho II. (Portugal) am 11. Juni 1242 die Stadt ein. Da - nach einer Legende - sieben Ritter während eines Waffenstillstands bei der Jagd von Mauren aus Tavira getötet worden waren, wurde die Stadt bei ihrer Einnahme fast vollständig zerstört und anstelle der Moschee die Igreja de Santa Maria do Castelo gebaut. 1415 begannen die Portugiesen ihre Eroberung Ceutas von hier aus. Tavira bekam das Stadtrecht im Jahre 1520. Im 16. Jahrhundert entwickelte sich Tavira durch die Einfuhr eines beträchtlichen Teils der aus den portugiesischen Kolonien eingeführten Waren zum wichtigsten Hafen der Algarve. Im 17. Jahrhundert lebte Tavira zu einem guten Teil vom Handel mit Wein, Salz, Trockenfrüchten und Dörrfisch. 1645 wütete die Pest in der Stadt. 1755 verwüstete das Erdbeben auch Tavira. Der Marqués de Pombal (Sebastião José de Carvalho e Mello) und der Bischof von Faro leiteten den Wiederaufbau der Stadt. Die Versandung des Hafens und die Verlagerung der Thunfischschwärme ließ Tavira ab 1920 weiter an Bedeutung verlieren. Heute bietet sich Tavira als eine aufgeschlossene Touristenstadt an, mit sorgfältig restauriertem Stadtkern und vielen Golfplätzen und Hotels im Außenbereich.

Brücke über den Rio Arade

Faro hat etwa 42.000 Einwohner, einen internationalen Flughafen und zwei Universitäten. Aus einer älteren phönizischen Siedlung, die auch von den Griechen zeitweilig genutzt wurde, entstand in römischer Zeit das Oppidum Ossonoba. Aufgrund seines Hafens und der Nähe zu reichen Fischgründen wurde es zu einem wichtigen Handelsplatz für Wein, Öl und Produkte der Fischverarbeitung, insbesondere des in der gesamten antiken Welt begehrten Garum, aber auch gepökelten Fischs. Ossonoba wurde bereits im 1. Jahrhundert v. Chr. von Strabon und im 1. Jahrhundert n. Chr. von Plinius in seiner Naturkunde unter den großen Oppida aufgezählt. 418 zogen die Westgoten siegreich nach Faro ein und nannten die Stadt Santa Maria. Im Jahr 713 wurde Faro von den Arabern eingenommen, von denen auch heute noch viele Spuren zeugen. Sie nannten den Ort Hárune, wovon der heutige Name abgeleitet ist. Bakr ibn Yahya gründete eine Dynastie, die von 875 bis 931 von Faro aus, das er befestigte, über ein Fürstentum an der Algarve herrschte. 1217 plündern Kreuzritter während der Reconquista die Stadt. Nachdem sie Faro von seinem Hinterland abgeschnitten hatten, eroberten sie unter dem portugiesischen König Afonso III. die Stadt im Jahr 1249. Dank der Druckerei der jüdischen Gemeinde erschienen im 15. Jahrhundert die ersten in Portugal gedruckten Bücher in Faro. Erst 1540 erhielt Faro das Stadtrecht. Robert Devereux, der Earl of Essex, ließ bei seinem Feldzug gegen das spanische Cadíz im Juli 1596 die Stadt von seiner 3.000 Mann zählenden Truppe plündern und brandschatzen. Nur die Kirchen Miséricórdia und São Pedro blieben unversehrt. Die wertvolle Bischofsbibliothek gelangte als Beutekunst nach Oxford. 1722 und 1755 verwüsteten Erdbeben an der Algarve auch Faro. In Folge des letzten Erdbebens wurde 1756 der Regierungssitz des Königreiches Algarve von Lagos ins weniger zerstörte Faro verlegt. 1808 nahmen napoleonische Truppen Faro unter dem Befehl von General Junot ein, die durch einen Aufstand vertrieben wurden.

Faro verfügt über zahlreiche Sehenswürdigkeiten, u. a. die „goldene" Barockkarmeliterkirche Nossa Senhora do Carmo aus dem 18. Jahrhundert, deren schaurige Attraktion die Capela dos Ossos, die mit Schädeln und Knochen verzierte Knochenkapelle, ist. Durch den Arco da Vila oder den Arco do Repousado gelangt man in die Altstadt, die Vila Adentro, in der sich die Kathedrale Sé aus dem 13. Jahrhundert am Largo da Sé und das Rathaus befindet. Das ehemalige Kloster Nossa Senhora da Assunção aus dem 16. Jahrhundert verfügt über einen schönen Renaissance-Kreuzgang und dient seit 1973 als archäologisches Museum, in dem u.a. Exponate aus dem nahegelegenen römischen Milreu, aber auch Azulejos und sakrale Kunst und Malerei gezeigt werden. Am Hafen im Gebäude des Hafenmeisters befindet sich das Museu Marítimo, ein Schifffahrtsmuseum, in dem historische Schiffsmodelle und Fischfangmethoden der Algarve präsentiert werden. Im Gebäude der Bezirksverwaltung ist das ethnographische Museu Regional untergebracht. Zusammen mit Fotos über die Lebens- und Wohnverhältnisse sind hier kunsthandwerkliche Gegenstände, Trachten und detailgetreue Modelle der gesamten Algarve zusammengetragen.

Portimao

Vilamoura

Cabo Piedade

Algar Seco

Cabo de São Vicente

Festung Castro Marim

Praia do
Carvoeiro

Praia da Dona Ana

Quellen: http://de.wikipedia.org/wiki/Cabo_de_S%C3%A3o_Vicente
http://de.wikipedia.org/wiki/K%C3%B6nigreich_Algarve
http://de.wikipedia.org/wiki/Faro
http://de.wikipedia.org/wiki/Tavira
http://de.wikipedia.org/wiki/Lagos_(Portugal)
http://de.wikipedia.org/wiki/Algarve
http://de.wikipedia.org/wiki/Albufeira

Bildnachweis:
Titel: © Kay Siddall - Fotolia.com
S. 5 © blickwinkel2511 - Fotolia.com
S. 6,7 © celeste clochard - Fotolia.com
S. 8 © ATLANTISMEDIA - Fotolia.com
S. 10,11 © Dev - Fotolia.com
S. 12 © blacksmuff - Fotolia.com
S. 14 © Eve - Fotolia.com
S. 15 © Anobis - Fotolia.com
S. 17 © JMPIC - Fotolia.com
S. 18 © Li-Bro - Fotolia.com
S. 20 © Pagegestalter - Fotolia.com
S. 21 © Pawel Dutka - Fotolia.com
S. 23,24 © tomgraf - Fotolia.com
S. 26 © Saw Castro - Fotolia.com
S. 27 © Freshwater Seas - Fotolia.com
S. 28 © Marco Weidlich - Fotolia.com
S. 30 © mmneto - Fotolia.com
S. 31 © Mauro Rodrigues - Fotolia.com
S. 33,34 © Springfield Gallery - Fotolia.com
S. 36-38 © inacio pires - Fotolia.com
S. 40 © Rainer Tagwercher - Fotolia.com
S. 42 © EPISOUSA - Fotolia.com
S. 43 © philipus - Fotolia.com
S. 46,63 © Andrea Seemann - Fotolia.com
S. 44,47,52 © ATLANTISMEDIA - Fotolia.com
S. 48 © dmachado - Fotolia.com